草と暮らす

こころと体を調える雑草レシピ

かわしまようこ

写真 藤代冥砂

大地には
宇宙に浮かぶ星のように
たくさんの草の種が眠っている
光が好きな草
水が好きな草
個性あふれるいろんな草が目覚めて
美しい風景が広がっている

はじめに

タンポポという雑草には、日本に在来するニホンタンポポと、海外から入ってきたセイヨウタンポポがあります。セイヨウタンポポは自分で受粉できるため、虫が飛んでいない冬の季節や都会でも花を咲かせます。

茎を伸ばすのはものすごくエネルギーを使うので、花を咲かせるための茎は、あたたかい季節には長く、冬にはほとんど伸ばしません。でもこのタンポポ、種を飛ばすときはすごいのです。霜で葉がちりぢりになっていても、3倍も4倍も茎を伸ばします。折れた茎も再び空に向かってグッと持ちあげ、子どもたち（種のついた綿毛）を風に乗せて、少しでも遠くへ飛ばしています。

オオバコという雑草は、駐車場や玄関の入り口など、わたしたちの通り道に咲いています。よく見ると、葉っぱは踏みつけられて傷だらけ。痛々しい……と心配したくなる光景を目にしますが、じつはこれも作戦のひとつ。

オオバコの種は朝露や雨に濡れると粘着性を持ち、わたしたちの靴底や生きものの足につけて子どもたち（米粒を小さくしたような種）を旅立たせます。踏まれても折れないようにしなやかな葉を広げ、根っこは踏まれてかたくなる土のなかで、強く成長する力を持っています。

雑草というと生命力が強いというイメージがありますが、ひとつひとつを見ると、自分の特徴（強い部分と弱い部分）をよくわかっていて、困難を乗りこえる知恵を持っているから強いのです。

　例えば、茎の弱いヤエムグラのような雑草は群生して、茎や葉の毛をお互いの体につけて立ちあがります。カタバミやノゲシは、夜や雨の日には葉や花を閉じて、むだにエネルギーを使わないようにしています。気の遠くなるほど長い年月のなか、命のバトンを渡しつづけてきた彼らは、生きものの大先輩。小さな体にそなえた生きる工夫を知るたびに、尊敬の念を抱きます。

　そんな雑草に近寄って触れていると、彼らから生き方のコツを学ぶことがあります。そのなかでわたしが一番大切にしているのは、「自分らしく生きることの大切さ」。

　太陽が好きであれば日当りのよいところに、水が好きであれば水辺に咲くことが大切だということです。どんなに強い雑草でも、乾燥が好きだというのに水辺で力強く生きることは難しいでしょう。

　彼らの生命力が強い秘訣は、そう、自分の生きる場所を自分で決めて、根っこを伸ばしていること。彼らを見習うように、わたしも自分の居心地のよさを大切にしながら暮らしていたら、すぐに寝込んでいた体が、少々のことではへこたれなくなってきました。なかなか目を向けられることのない雑草たちですが、四季折々に咲く花に歩みよると、教えてもらえることはたくさんあります。

この本では、そこかしこに咲いている雑草を摘んで、わたしの暮らしのなかで実践していることを紹介します。役に立たない、じゃまなものというイメージがある雑草ですから、こんな使い方を?と驚かれる内容もあるかもしれません。

けれど、おもしろそうと思うものがあったら、ぜひ彼らを生かしてみてください。草を摘むことは、自然と会話をかさねること。草を摘みながら、もっと優しく、そして強く、自分らしく生きるヒントを見つけてもらえたらうれしいです。

＊以下、この本では雑草のことを親しみをこめて〝草〟と書きます。

もくじ

草を摘む

目の前に土がなくても、わたしたちは大地のうえで暮らしています。
そのことを思いだしながら、感じながら、草を摘んでみてください。
大地とつながる草に触れると、自分のなかの大切な部分とつながることができます。

草はじゃまと思えば雑草になりますが、可憐な表情にこころ動けば花となり、おいしさを生かせば野菜になり、知恵を身につければ心身の不調を調える薬草になります。

ひとりの女性が、子どもからはお母さんと呼ばれ、会社では上司や部下となり、気のおけない仲間からは友人として親しまれるように、どんなふうに向き合うかで、草も役割や呼ばれ方は変わってきます。

花として向き合うときは、花の表情を見ながらたのしく摘みましょう。野菜として向き合うときは、やわらかくておいしそうなものを、薬草として向き合うときは、秘められたエネルギーを感じながら摘みます。どんなときも大切にしたいのが、素材となる草を〝よく見る〟ことです。

春先、道路近くにオレンジ色の花を咲かせるナガミヒナゲシは、普段は50センチほどに成長しますが、土が痩せているところでは、マッチ棒くらいの高さで小さな花を咲かせます。タンポポの葉は、食べられないほど苦いものもあれば、苦みがほとんどないものもあります。どの草にも共通していることは、季節や場所によって、同じ種類の草でも姿や味が変わること。お店で販売されているものは似たようなものが並んでいますが、自然のなかで育ったものは、千差万別。日当りのよいところの葉は大きく茂り、色は濃く、硬くてアクが強くなります。日当りのよくないところでは、その逆になる傾向があります。

庭先や空き地、原っぱに立ったとき、わたしは草を見おろしながら、〝目が合う草〟を探します。〝目が合う草〟というのは、たくさんのひととすれ違うなかで、ふと立ちどまり、会話をはじめるときのあの感じととても似ています。

たまたま声をかけたのに、話しはじめると共通の趣味があったり、大切な学びをする間柄になったり。偶然としか思えないような出会いが、かけがえのないパートナーになることもあります。わたしたちは無意識にセンサーを使って、いまの自分に必要な出会いを引き寄せているのだと思います。

その特殊なセンサーを、草を摘むときにも使うのです。そうすると、例えば〝ごはん〟と思いながら草むらを眺めると、おいしそうな草が目に飛び込んでくるようになります（冗談のような話ですが、本当です）。目に飛び込んできた草はいまのわたしに必要な草だと思って、ありがたく摘んでお料理します。

煎じてお茶にするときも、部屋に飾るときも、どんなふうに使うときもセンサーを使います。目にとまった草は、こころや体を元気にしたり、これからの自分に何かしらの意味があるように感じながらいただきます。

摘むときに気をつけたいこと

・摘む場所を選ぶ

自然100%の草ですが、空き地や駐車場、畑には除草剤がまかれていることがあります。除草剤のまかれていない場所に咲く草を摘みましょう。

草は一度枯れてもすぐに生えるので見分けが難しいのですが、1年をとおして生い茂っているところなら安心です。知らないところより、普段目にしている場所、庭があれば庭の草がよいです。国立公園など、公共の場所では草を摘めないところもありますので、確認してから摘みましょう。

・毒草に気をつける

草には毒のあるものもあり、道ばたにも普通に咲いています。鮮やかな色、鳥や虫に食べられていないものは、毒がある可能性があります。図鑑などで確認して、間違って毒草を食べないように十分気をつけてください。皮膚が弱いひとは、汁に触れるとかぶれることもあります。

・「いただきます」と挨拶をする

花にも虫にも、動物にも話しかけてしまうわたしは、「いただきます」と挨拶をしながら草を摘みます。誰かにものを貸すときに、ひとこと声をかけてもらえるとうれしいですね。それと同じように、ひとこと挨拶をして摘むと気持ちがよいです。わたしたちも草たちも、呼吸する生きもの。草と気持ちよくつながることで、よりよい力をいただけるでしょう。

・カゴやザルを用意する

摘んだ草を手に持っていると、手の温もりでくったりします。カゴやザル、あるいは、むれないように気をつけながら、ビニール袋に入れて持ち運びましょう。飾るための草は、水を入れた器を用意して、摘んだらすぐに水につけます。

・虫がついていないかを確認する

摘んできた草に虫がついていたら驚きます。ですが、知らないところに連れてこられた虫たちのほうが、じつは驚いているかもしれません。その場で落とすか、摘まずにそのまま残してあげましょう。

・根っこを残す

草は無料でいくらでも手に入りますが、むやみにいただかないようにしています。沖縄の薬草には、多くのひとが根ごと持ち帰ったため、自生している姿が見られなくなったものもあります。どんなにたくさん生えていても、なくなるときもあるのです。いただくときは自分に必要なぶんだけ、根っこを残していただきましょう。

もしも草をあまらせたときはゴミ箱に捨てるのではなく、できるだけ土にかえしてあげてください。優しい気持ちになりますし、それが自然のリズムです。

・ゴミを見つけたら拾う

下を向いて歩いていると、ゴミを見つけます。たくさんの恵みを自然からいただいているお礼の気持ちとして、わたしは無理のない範囲で、ゴミを拾うようにしています。

わたしの1日、大切な時間

いま住んでいる家は、沖縄本島の東側。草と木が混在する、森のような庭のある古民家に暮らしています。

朝はできるだけ早起きして、歩いて1分のところにある、海が一望できる東屋へ散歩。ここから、太陽がのぼるのを待ち、光の道がまっすぐに海面に伸びるのを眺めるのです。遠くから近くから聞こえる鳥の声。あしもとに咲く草花におりた朝露を見ながら、体内にある息を吐きだし、お腹いっぱいに朝の空気を吸いこみます。空が少しずつ青さをとりもどし、光の温もりが胸に届いたとき、わたしの1日ははじまります。

広い庭は大変なこともありますが、そのぶんありがたいこともたくさんあります。仕事で家をあけることも多いので、むしっても、むしっても、1年をとおして草ぼうぼうの状態。困ってしまうことも正直ありますが、おかげで毎日のように草に触れる生活。無心で伸びすぎた草をむしる作業は、わたしにとって瞑想です。考えても仕方ないことで悩んだり、パソコン作業がつづいて体が重たいとき、この〝むしる瞑想〟にどれほど救われていることか。草むしりは、こころと体を調える処方箋のようなもの。自分の背丈ほどに伸びた草を鎌で刈ったり、木々を剪定しながら、筋力トレーニングもできているようです。

車の通らない小径の残る昔ながらの集落に家があるため、散歩もたのしい時間です。家のまわりのどこにどの草が生えているかをよく知っているので、使いたい草が思い浮かんだときは、その場所をめざして歩きます。

お話し相手は近所のおばあちゃんや、学童に通う子どもたち。おばあちゃんからは草の知恵を教えてもらったり、子どもたちとは一緒に草遊びをすることもあります。草のつながりで広がるご縁は、こころがホッと和むものばかり。花好きにわるいひとはいないといいますが、草好きのひとこそ、奇をてらわず、正直で優しいひとが多いです。

眺めのいい東屋からは、海からのぼる満月を見おろすこともできます。見あげれば、流れ星も流れる満点の星空。美しい自然があって、近くに住むひとと交流のある暮らし。特別なものは何もない風景ですが、自然の営みを感じながら暮らすことは、わたしがわたしらしくあるためにとても大切なことだと感じています。

ごはんとして味わう

草の味は生えている場所で違うので、レシピの分量はあくまで目安です。調味料でも変わってきますので、味見をしながらつくりましょう。草の量は、体の声を聞きながら好みで加えます。

MIKADO

そこかしこに咲く草を一度も口にしたことがないひとは、草を摘んで食べることに抵抗を感じるかもしれません。何をかくそう、わたし自身がそうでしたから。

子どもの頃、ツツジの蜜を吸いながら学校に通っていても、大人になって就職すると、自然との距離は広がっていきました。食べられることを図鑑で何度確認しても、摘むときはドキドキ。それでも、食べたらどうなる？という好奇心のほうが強くて、意を決して草に手を伸ばした記憶があります。

草には紫外線から身を守るために抗酸化力があり、ビタミンやミネラルが豊富で、血液をさらさらにする力を持つものがたくさんあります。食べたい！という欲求は正直それほどなくて、〝健康になるはず〟と体に念じながら食べはじめました。

ところが、食べてみるとびっくり。タネツケバナ、スベリヒユ、ツボクサ……見つけると摘まずにはいられなくなるほど、おいしい草とたくさん出会いました。葉の味にはそれぞれに個性があり、酸味や甘みのある草もあります。苦みも草の数だけあるといってよいでしょう。

春先、やわらかい若葉だけでつくったサラダをいただいたときの感動は、いまでも忘れられません。一種類ではクセが強くて食べにくい草も、たくさんの種類をまぜることでドラマチックなおいしさに変わります。

草をいただいてると、ごはんを食べることは満腹にするためではなく、心身を成長させるエネルギーをいただくことなんだと実感できます。ほんの少し口に入れるだけで、ふわっと広がる味や香り。生命力あふれる草の〝気〟が、体のなかに満たされていくのがわかります。

季節や場所をかえて摘みつづけていると、どんなところにどんなふうに咲いている草がおいしいか、少しずつわかるようになってきました。摘みはじめた頃は「あやしいひとに見られないかしら?」と、まわりを気にすることもありましたが、いざ手を伸ばしはじめると、つい無心になってしまいます。収穫した草を見ながら笑みを浮かべていると、通りすがりのひとから声をかけられることもあります。草の新たな使い方を教えてもらったり、「昔はね」なんて、懐かしい子どもの頃の記憶を教えてもらうこともありました。

いまではあたり前のようにお店で食材を買いますが、おばあちゃんの世代では山菜などを山で摘んで食べるのは日常のこと。よくよく考えてみると、ひとりの人生のなかに草を摘んだ記憶がなかったとしても、人類が誕生してから食べるものを自分で調達してきた時間のほうが、どれほど長いことでしょう。

―自分で食べるものを、自分で見つける―

草を摘みはじめるととまらなくなるのは、わたしたちは生きるためにこの感覚をずっと使いつづけてきたからかもしれません。

沖縄に引っ越して、都会にいる頃より草を食べることは増えました。けれど、わたしのこころと体が少しずつ調ってきたのは、草を食べることだけでなく、摘んでいる時間が増えたからのように感じます。

摘むときは、大地のうえに立ちます。大地と草は、つながっています。五感を動かしながら緑色の葉に触れると、思考は静まり、呼吸は深くなっていきます。

このとき、何かこう、生命力のスイッチが〝パチン〟と押されるような感触があるのです。眠っていた感覚が、揺り動かされ、目覚めていくのがわかります。

おいしい草を見つけて、おいしくいただくコツ

・選ぶコツ
葉をいただくときは、花が咲く前のやわらかい葉を摘みましょう。表面にツヤのある葉は瑞々しくておいしいです。葉の状態を確認するために、わたしはハサミを使わず素手で摘みますが、毒やトゲがあるもの、手を切りやすい草もあるので気をつけましょう。

・摘むコツ
やわらかい新芽は赤ちゃんのように繊細です。摘んだあとはカゴなどに入れ、くったりしないように日射しや風を避けてください。くったりした場合は、水をはったボールにしばらくつけておくと元気をとりもどすことがあります。

・洗うコツ
水道の水圧で葉が傷まないように、水をはったボールに草を入れ、ゆっくり揺らしながら洗います。草をとりあげたときの水の汚れ具合をみながら洗ってください。2、3回ほど洗えばだいたいきれいになります。

・保存のコツ
紙に包みビニール袋に入れて冷蔵庫の野菜室に保存します。水を入れた器に草を挿し、料理するまで飾ってもよいでしょう。

・食べるコツ1
やわらかい草は生で、苦みや酸味の強いもの、硬いものは、煮る、焼く、揚げるなどの方法で料理します。近年、草の匂いや味が弱くなっているので、わたしはアク抜きはほとんどしません。苦みや酸味が気になるひとは、さっと湯通ししてから料理してください。

・食べるコツ2
温暖な地域や暑い季節には、体を冷やす食べものが多くとれます。土地にはそこに暮らすために必要な

ものが根づくので、土地にある旬のものを食べましょう。どこにでも生えている草ですが、庭があれば、庭の草がおすすめ。自分が暮らしている場所の近くで摘むとよいでしょう。

・食べるコツ3

葉にも、花にも、根にも、種にも、栄養があります。どの部分にもわたしちたちのエネルギーとなる力はありますが、ひとつの草の命を動かすためには、全部の力が必要です。野菜もお肉も丸ごといただく機会が少なくなったいま、草を丸ごといただいてみてはいかがでしょう。バランスよく栄養をいただくことができるので、心身が調いやすくなるでしょう。

・食べるコツ4

草の苦みは、春先は体のなかの排毒を促し、夏場は体内にこもった熱を冷ますものが多いです。おいしい草ごはんができればたくさん食べたくなりますが、どの季節の草もパワフル。一度にたくさん食べずに、体の反応を見ながら少しずついただきましょう。

＊ｐ34からはじまるレシピは基本的に2人分です。ほかの食べられる草で代用できるレシピもあるので、図鑑などを参考にしながらつくってください。

春の草サラダ

タンポポ
スミレ
ムラサキカタバミ
ツボクサ
ヤブガラシ
チドメグサ
ヨモギ
スズメノエンドウ
+
天然塩 適量、エキストラヴァージンオリーブオイル 適量

1　新芽のやわらかい葉を摘む。

2　花も摘み、水をはったボールに入れてさっと洗い、傷まないようにていねいに水切りをする。タンポポはガクから花をむしり、花ごとに小皿に入れる。

3　摘んだ葉に堅い茎や傷んだ部分があればとりのぞいてきれいに洗い、水気を切り食べやすい大きさにちぎる。

4　3に天然塩をふり、全体をふわりとまぜる。塩気がほどよくいきわたったらオリーブオイルをかけ、花を散らす。

＊豆腐や薄くスライスした大根、フルーツとの相性もよいです。

＊種類を集められないときは、いつもの野菜のサラダに摘んだ草を少しまぜてみてください。

ハマダイコンの塩もみ

ハマダイコン
＋
天然塩 適量

1　ハマダイコンの葉を刻み、味見をしながら天然塩をまぶす。

2　花を散らして軽くまぜる。

＊ピリ辛でごはんのおともに最高。おにぎりの具にもおすすめです。

根菜ピクルス

スベリヒユ
＋
にんじん2／3本、たまねぎ小1／2個、とうがらし1本、ローリエ1枚、黒こしょう5粒、にんにく一片、酢100ml、水100ml、てんさい糖 大さじ2、天然塩 大さじ1

1　分量の酢、水を火にかけ、てんさい糖と天然塩をとかす。

2　にんじんは食べやすい細さに切り、たまねぎは串切りにして、3分ほど湯どおしする。

3　瓶などの容器に1、とうがらし、ローリエ、黒こしょう、にんにく、にんじん、たまねぎ、生のスベリヒユを入れる。

＊1日漬けると味がしみます。スベリヒユは体を冷やすので、根菜系やにんにくなど、体をあたためる食材と食べましょう。

トマトのスープ

ヤブタビラコ
＋
トマト適量、しめじ適量、水400ml、にんにく1／2片、天然塩 適量

1　水にうすくスライスしたにんにくを加えて沸かし、串切りにしたトマトとしめじを入れてゆでる。

2　天然塩で味を調えて、ヤブタビラコの花を浮かべる。

＊ヤブタビラコは夜になると花が閉じるので、朝食か昼食につくるスープに浮かべてください。

白菜のチヂミ

ギシギシ
＋
白菜1／2枚、にんじん適量、小麦粉30g、水100ml、天然塩小さじ1、ごま油適量、しょうゆ適量

1　白菜は3センチほどの幅に切り、ギシギシとにんじんは千切りにする。

2　水でといた小麦粉に天然塩と1をまぜる。

3　ごま油をひいたフライパンに、2を1センチほどの厚みで広げて、蓋をして弱火で3分ずつ両面を蒸し焼きにする。

4　しょうゆをフライパンにたらし、焦げ目をつけるように焼く。

＊ギシギシはシュウ酸を含み、酸味があります。若芽を摘み、ゆでてから刻んでください。

韓国風しょうゆ漬け

ノゲシ
タンポポ
アキノノゲシ
クワ
+
しょうゆ 大さじ3、砂糖 小さじ1、みりん 小さじ2、ごま油 小さじ2、粉唐辛子 小さじ1〜2、すりおろしにんにく 小さじ1、炒りごま（白）小さじ2

1　調味料をすべてまぜ合わせ、タレにつかる量の草を洗って水気を切る。

2　葉の両面に調味料をまぶし、漬け込む。2時間後からおいしくなる。

＊ソウルに暮らす親友、すひゃんが教えてくれた1品。食べるたびに韓国の風土や草の味、出会ったひとたちの優しさがよみがえります。

小花かきあげ

スズメノエンドウ
ムラサキカタバミ
シナガワハギ
＋
小麦粉15g、水50ml、天然塩 適量

1　スズメノエンドウとムラサキカタバミとシナガワハギの花を水でといた小麦粉のなかに入れてまぜる。

2　スズメノエンドウを3本ほど熱した油に入れ、うすくのばすように広げる。形ができたところに小花をのせて、カラッとなるまで揚げる。

*スズメノエンドウをうすくのばすと、さくさくの食感に揚がりおいしい。優しい音で油がはじく程度の低温でゆっくり揚げると、かたちや色がきれいです。

姿あげ

右上から時計まわりで
ヤブガラシ
ツボクサ
カニクサ
タンポポ
カニクサ（2種あり）
それぞれ、小花かきあげ
（p46〜47）と同様に揚げる。

焼きぎょうざ（30個分）

オオバコ
ヘビイチゴ
アメリカフウロ
＋
ぎょうざの皮 30枚、豆腐 1／4丁、ニラ 1／2束、キャベツ 1〜2枚、すりおろしにんにく 1片、天然塩 大さじ1、しょうゆ 大さじ1、ごま油 適量

1　水を切った豆腐にすりおろしたにんにく、細かく刻んだニラとキャベツをたっぷりをまぜ、天然塩、しょうゆ、ごま油を少しずつ加えて味を調える。

2　摘んだ草を細かく刻み、1にまぜる。

3　2をぎょうざの皮に包んで焼く。

＊酢醤油や柑橘の搾り汁のタレが合いますが、にんにくと調味料で味をしっかりつけると、そのままでもおいしくいただけます。塩で味つけしたスープに入れてもおいしい。

コロッケ（15個分）

カラムシ

＋

大豆 100g、じゃがいも 小3個、小麦粉 適量、パン粉 適量、天然塩 小さじ1、こしょう 適量

1　ゆでた大豆とじゃがいもをつぶしたものに、カラムシを細かく刻んでまぜ合わせる。

2　天然塩とこしょうで味を調えて、一口サイズの大きさに丸める。

3　2に水（分量外）でといた小麦粉をまぶしてパン粉をつけ、きつね色になるまで揚げる。

＊大豆は豆を半分ほど残してつぶすと歯ごたえがおいしいです。

おむすび

カラシナ
スミレ
＋
ごはん 適量、天然塩 適量

1　花をとったカラシナとスミレの葉を細かく刻み、ごはんにまぜる。

2　水気のある手のひらに天然塩をぬり、おむすびを握る。

3　花をのせる。

冬瓜カレー（4人分）

ツルソバ
ホソバワダン
＋
たまねぎ1／2個、えのき茸1／2袋、冬瓜200g、カレースパイス大さじ3、ダイストマト缶120g、甜麺醤大さじ2、豆乳100ml、天然塩大さじ1、しょうゆ大さじ1

1　細かく刻んだたまねぎとえのき茸を油でていねいに炒め、1センチ角に切った冬瓜を加えて弱火でじっくり炒める。

2　花をとったツルソバの葉、ホソバワダンを細かくみじん切りにして加えて、さらに炒める。

3　カレースパイスを加えたあと、ダイストマト缶、甜麺醤、豆乳、天然塩、しょうゆで好みの味に調える。

4　味がなじむまでゆっくり煮込む。

5　お皿に盛りつけたあとにツルソバの花を散らす。

＊いつものカレーに細かく刻んだ草を加えても、味に深みがでます。

花と種のっけ豆乳プリン（4個分）

ハゼラン

＋

ゼラチン小さじ1、水50ml、豆乳400ml、てんさい糖（はちみつ）大さじ4

1　ゼラチンを水でふやかす。

2　豆乳にてんさい糖（はちみつ）を入れ火にかける。沸騰直前で火をとめ、ゼラチンを入れてとかし、容器に入れる。

3　冷蔵庫で冷やし、固まったあとにハゼランの花をのせ、丸い果実を指ですりつぶして種を散らす。

＊ハゼランは5ミリほどの花を午後3時から咲かせるので、〝3時のおやつ〟にちょうどよく飾れます。

じゃがおやき（13個分）

スミレ
シナガワハギ
ムラサキカタバミ
シロバナセンダングサ
タンポポ
＋
じゃがいも300g、小麦粉150g、黒糖 大さじ1

1　摘んできた草を花の部分だけとる。

2　ゆでたじゃがいもをつぶし、小麦粉、黒糖と合わせて一口サイズに丸めたものを平たく伸ばし、花をのせる。

3　熱したフッ素樹脂加工のフライパンで2分ずつ両面を弱火で焼く。

＊さつま芋でもつくれます。家のまわりに咲いている花を飾りながら食べましょう。

片づけのこと

草が好きなわたしは、空き地や原っぱで昼寝をするのが好きです。ごろんと寝転がって空を眺めるとき、背中がスゥッと伸びて、なんともいえない幸せな気持ちになります。

大地に顔を近づけると、草の影にかくれて、ひっそりと咲いている小さな花に気づきます。立って歩いていては、見つけられないような小さな花。けなげに咲く花の表情は、観光名所になるような大自然とは、ひと味違った感動をあたえてくれます。

自然から心地よい時間や優しい気持ちをいただくたびに、自然が「いつまでもきれいでありますように」と願います。いつか叶えたいと思い描いている夢のひとつは、川の水がふたたび飲めるようになること。

その夢に少しでも近づけるように、ゴミをつくらない、土を汚さない、そんなことをこころがけながら暮らしています。わたしたちが捨てたゴミは、燃やせるものは燃やして、燃やせないものは砕いて、山間や海のなかに埋められています。このゴミが、自然のリズムを壊したり、大地や海を汚していることを知って、ものを買うときや捨てるときによく考えるようになりました。

これから紹介するのは、わたしの暮らしのなかで、ゴミをつくらないように工夫していることですが、自然にとっては何の影響もないくらい、とても小さなこともあります。ですが、小さいか大きいか、できているかいないかというのは、じつはそんなに重要ではなく、〝気持ちがある〟ことが、これからの未来をよりよくする鍵を握っているように感じます。

極端なたとえですが、川の水を飲めるほどきれいにできる装置をつくっても、何かしらほかの問題が起きて、暮らし方や生き方を見直すことになるかもしれません。わたしたちは自然の一部で、自然のなかで生かされています。環境問題といわれることのほとんどは、体の不調と同じで、わたしたちのこころへの大切なメッセージのように思います。

小さなこころがけを実践するときに、忘れてはならないことがあります。どんなにすばらしいことでも、無理のない範囲でたのしい気持ちで行うことです。

自然はどんなに汚れても、バランスを崩しても、長い時間をかけて変容し蘇生する力があります。自然を思いやった暮らしは、手間ひまのかかることが多いのも事実。せっかく優しい気持ちでいるのに、心身に負担を感じたり、家族や友人と折り合いがつけられずに反発したりすると、疲れてしまいますね。わたしたちが幸せになることを、自然は望んでいると思います。できるときに、できることを行いましょう。

木々も虫も動物たちも、気持ちよく暮らせる環境は、どんな環境でしょう。わたしたちの七世代先の子どもたちは、どんな風景のなかで過ごしているでしょう。自然のなかに身をおきながら思いをめぐらせてみると、自然を思いやるこころは、自分自身を大切にすることにつながっていることに気づきます。

ゴミをつくらないように、こころがけていること

食べることは、命の交換。命の源をつくる台所で、実践していることを紹介します。

・買い物は、マイバックを持参して

レジ袋をゴミ袋にするのではなく、米や野菜が入っていた袋をゴミ袋にしています。割り箸やスプーンなどの使い捨て用品も、できるだけもらいません。割れものを買うときは、新聞紙でくるんでもらったり、エアパッキンをお店に持って行くこともあります。

・詰め替え用を使う

詰め替え用を買ってパッケージのゴミを減らします。詰め替えができないものは、小さなボトルをたくさん買うのではなく、大きなボトルをひとつ選びます。

・ラップを使わない

切りっぱなしの野菜は、ビニール袋に包んで輪ゴムでとめて。ごはんの残りはお皿をフタ代わりにしたり、保存容器に入れて冷蔵庫へ。使わなくなって10年以上になりますが、ラップはなければないでなんとかなります。

・再利用

タオルや衣類の古布は裂いて保管し、油ものの鍋やちょっとした汚れを拭くときにティッシュペーパー代わりに使っています。使った皿は、洗剤を使わずアクリルタワシで水洗い。着なくなったセーターを切ってタワシにしてもきれいに洗えます。

・自然栽培の野菜を選ぶ

海水汚染の大きな原因にもなっている、農薬。最近は化学肥料の問題もとりあげられるようになりましたが、農薬を使わない野菜は皮ごと食べられます。生ゴミを減らせて、野菜の味はおいしく、体にも環境にも優しい。一石三鳥！

お茶にして飲む

草を洗って乾かすだけで、お茶は簡単にできます。

お茶を飲むだけでなく、つくる作業や干している風景からも、草の力をいただきましょう。

一手間かかりますが、草を使ったコーヒーやサイダーもぜひ味わってみてください。

光を使って光合成をする植物には、わたしたちの命の源をつくる力があります。一説によると、過酷な環境で生きるものほど、その力は強いとか。

〝雑草〟と呼ばれる草には、乾かせば生薬になり、煎じればお茶になるものもあります。ごはんとしていただくのと同じように、草によって味に違いがあり、甘みやハーブのようなさわやかさや、香ばしい味になるものもあります。

香りを大切にしたいときは若葉を摘みますが、肉厚の葉を選んだほうが、味がしっかりとでるようです。ドクダミやアメリカフウロのような花が咲くものは、つぼみをつけた頃に収穫すると薬効が高いそうです。朝露に濡れている午前中に摘みましょう。

お茶をつくるときに大切なのは、しっかりと乾燥させること。ていねいに洗ったあと、風通しのよいところに吊るしたり、ザルに広げて乾かします。香りや薬効のあるものは、半日陰（1日のうちで数時間日があたる場所）に干すとよいでしょう。

乾かす日数は天気や気候によって異なるので、手で触って水気が残っていないか確認してください。乾燥できたものは乾燥剤を入れた紙袋に詰めて、ビニールや瓶などの容器に保存します。

〝草を摘むこと〟の章でも説明したように、季節や環境で味が変わりますので、味見をしたとき薄いと感じたら茶葉を加え、濃すぎるときは薄めます。ミントなどのハーブや、しょうがやみかんの皮を干したものとブレンドするとおいしくなるものもあります。

漢方薬の材料になるような薬効の強いものは、体によい反応がある分、負担をかける場合もあります。病を治す力のある草は、飲む量や飲み方に専門的な知識が必要になる場合もありますので、体の状態を観察しながら、薄めて飲んだり、ブレンドしたりしながら、毎日の健康を保つ健康茶として飲んでください。

植物に詳しい、宮崎県椎葉村に住む椎葉クニ子さんに会いに行ったとき、お茶とお味噌は買ったことがないとおっしゃっていました。92歳で山仕事をされる、元気なおばあさまです。

四季折々に咲く草でお茶をつくるようになると、家仕事がとたんに忙しくなります。草の摘み頃は案外と短く、タイミングを逃がすと1年待たなくてはなりません。ですが、草摘みの忙しさは時間に追われる忙しさとは、ちょっと違います。体の芯を鍛えて背筋がシャンとするような、心地よさが味わえます。

スギナ茶

初夏にやわらかい葉を摘み、急須に適量を入れて5分ほどむらしてお茶に。生でも乾燥させたものでもどちらもおいしく、煮立てるときも長く煎じず、5分が目安。利尿効果がすばらしく、腎臓炎、肝臓炎、膀胱炎、リウマチなどの症状を和らげる効果があるといわれる。

ドクダミ茶

矯《た》めて毒を出すという意味で、ドクダミ。生薬名の十薬は、十の薬効があることより。その名のとおり毒出しや浄血の力があり、吹き出ものなどの肌荒れをはじめ、高血圧、動脈硬化などの緩和、冷え性の改善にもよい。ゲンノショウコ、センブリとともに、日本の三大薬草のひとつ。

アマチャヅル茶

夏に洗った葉を乾かし、半乾きの状態で2、3センチほどに刻みさらに天日で乾燥。沈静成分であるサポニンの種類は高麗人参より多いといわれ、ストレス性の胃痛、胃潰瘍、不眠症などを改善する力をはじめ、動脈硬化やガン予防が期待される。苦い葉のほうがサポニンが多い。

アメリカフウロ茶

ゲンノショウコの仲間で、煎じたお茶は下痢、月経不順、慢性腸炎などの症状を緩和する。急須に適量を入れて3分ほどしっかりむらすか、乾かした草をさらにフライパンで煎ると香ばしくなりおいしい。冷めると味や香りが落ちるものが草のお茶には多いなか、冷やしても飲みやすい。

シロツメクサ茶

中国の菊茶をまねてつくったら、思いのほかおいしい花茶のできあがり。シロツメクサの花だけを摘み、乾かして急須に湯をそそいでできあがり。花が咲き終わると花弁の色が茶色に変色して下を向くので、下を向いていない花を摘んでお茶にする。透明の急須でつくると花の様子が美しい。

ヨモギ茶

春先のやわらかい葉を摘んで乾燥させる。煎じたお茶は、腹痛、腰痛、ぜんそくによく、体を温めるので冷えの改善にもよい。体の弱いひとは、根ごと乾かして煎じて飲むとよい。病気の原因となる血液の汚れを浄化する力はすばらしく、漢方でもよく使われるほど万能。

ツボクサ茶

若返りのハーブ、直感力をよくするハーブと呼ばれ、インドのアーユルベーダ医学では大切に扱われている草。葉を煎じたお茶には記憶力や集中力、精神力を高める力があり、思い悩みからくる精神不安を緩和する力もあるといわれる。味にクセがないので、しょうがや陳皮などとブレンドの相性もよい。

ジュズダマ茶

実や茎、葉を3センチほどに切り、煎じるか急須に入れ湯をそそぐと香ばしいお茶になる。生でも乾燥させても味は変わらない。いぼとりの力があり、実をカナヅチで叩いて殻ごと煎じたお茶は、潰瘍《かいよう》に効くといわれる。ハトムギと似ているが、野生のジュズダマのほうが薬効が高いとか。

セイタカアワダチソウ茶

初秋、つぼみの頃に30センチほど摘みとり乾かしてお茶に。急須に湯を注いでも、煎じてもよい。毒出しの力が強いので、薄めに煎じて、少しずつ飲むのがおすすめ。アトピー性皮膚炎やぜんそく、胃腸病の改善によいといわれているが、好転反応で、高熱や発疹が出ることもある。

＊いずれのお茶も茶葉を入れた急須に沸騰させた湯をそそぎ、3〜5分しっかりむらします。

タンポポコーヒー

タンポポはヨーロッパでは体の浄化強壮薬として大切に扱われている草です。肝臓の働きをよくするほか、利尿作用や緩下作用などがあり、溜まった体の毒を排出することによって、ニキビや湿疹、関節炎の改善を促します。タンポポの根は花を咲かせているものでも大丈夫ですが、栄養を多く蓄える秋から春までの、花を咲かす前のものがおすすめです。

秋と春ではタンポポコーヒーの色も味も違います。秋はこっくりと深い色がでて、香ばしい味と香りがします。春は紅茶のような色で苦みが強くなります。

つくり方

1　タンポポを根ごと掘り、根の部分を切りわけ、根についた土をきれいに水洗いする。

2　1を小さく刻み天日干しで乾かしてからフライパンに入れ、

弱火でこんがりした茶色に変わるまで30分ほどかきまぜながら煎る。煎る時間を長くすると味が深まる。

3　電動ミルにかけて粉にする。根2～3gに対して150mlの湯をそそいでまぜる。電動ミルがない場合は、刻んだ根をそのまま茶パックに入れて熱湯をそそぎ、3分むらす。味が薄いときは、根をたす。

松葉サイダー

お正月になると門松に使われる松は、日本人にとてもなじみがあります。松には血行をよくし、血液を浄化する力があるため、疲労を回復させ、神経痛やリウマチ、関節痛や腰痛の緩和、肩こりの解消、風邪予防など、わたしたちの体を調えるたくさんの力を持っています。冷え性の改善にも役立つでしょう。

ここで紹介する松葉サイダーのほか、乾燥させた松葉5～10gを500mlの水で煎じると、松葉茶ができます。生の葉でつくったお茶の香りには清涼感があり、ストレスを緩和してくれます。また、生葉をひとつかみ布に入れて浴槽に入れると、入浴剤になります。

松は木の葉であり草ではありませんが、草のようにすばらしい力を持っています。

つくり方

1 松葉を枝からとる。葉についているハカマ（茶色の部分）をおとして、ヤニがつかない状態にしたあと水で洗う。

2 葉を3センチほどに刻む。

3 水500mlを少しあたため、砂糖50gをとかしたものを瓶に入れ、約80gの松葉をぎゅうぎゅうに詰める。発酵するため、口を布で覆うか、蓋をゆるめにしめる。

4 冬10日間、夏5日間を目安に日光にあて布でこして完成。

飾ってたのしむ

つくり方はあくまで参考として、
家のまわりに生えている草を使いながら、
長さや数、かたちも自分流で仕上げましょう。

草飾り1

カラシナ
タネツケバナ
キケマン
ウスベニニガナ
エノコログサ
ツルソバ
＋
瓶

1　大小さまざまな瓶に水を入れて草を飾り、ランダムに並べる。

＊野に咲いている風景を思いだしながら、風を感じるように飾りましょう。

簡単にものが捨てられないわたしは、1度使われただけで捨てられてしまうものを目にすると、ほかの使い方はないかしら？と考えてしまいます。アイデアを見つけるのが好きなのです。

ドリンクやゼリーの空き容器、しょうゆの容器、フルーツの包みなど……。何でもないといえば何でもないものですが、使おうと思えば使えるのに捨てられてしまうものはなんてたくさんあるのでしょう。

そのほとんどが、プラスティック製品です。竹や木などの天然素材が好きで、できるだけ土にかえるものを選んで使っていますが、〝使い捨て〟にされるものには機能美があります。光に透かすと独特の存在感が生まれ、美しい表情を見せるものもあります。

何でもないものにたたずむ美しさ。誰も見向きもしないものに価値を見つけたときは、花器に見立て、道ばたに咲く花を飾ったりしています。特徴のない器は数を並べたり、紐でくくり窓辺に吊るしたり。紙や布、カゴのようなものでも、水を入れた小瓶をしのばせれば、花器に変身。ひと工夫して花と器を相性よく合わせたとき、捨てられるはずだったものと小さな花が輝きます。その輝きを見ると、わたしの胸は踊るようにうれしくなります。

お花屋さんで売られている花に比べると地味ですが、道ばたに咲く花には、素朴ながらもこころを和ませる力があります。器に飾った花だけでなく、束ねた花束や草でつくったリースからも、この優しい空気は放たれています。大切なひとや元気になってほしいひとへ、草の贈りものはいかがですか？　お金では買うことのできない温もりや、繊細な思いを、そっと伝えてくれることでしょう。

いつも歩いている道のうえで、こころ惹かれる花や葉、種を見つけたら、思いつくままに摘んで手を動かしてみてください。花束にするなら花持ちのよいものを、リースにするときはドライにしても葉が落ちないものを選びますが、基本的につくり方や見せ方のルールはありません。草の飾りものをつくるときはインスピレーションのままに、たのしい気持ちで向き合いましょう。これ以上に、上手につくるコツはないように思います。

飾られた草たちは、部屋に緑色の呼吸を広げてくれます。それはとても小さな呼吸ですが、喜びに包まれているときも、落ちこんでいるときも、わたしたちのこころにそっと寄りそってくれます。

草飾り2

スミレ
＋
しょうゆの容器

1　お弁当などに使うしょうゆの容器をひもでくくり、水を入れて草を飾る。

＊かわいいな、と思いながら部屋に飾ると、花はいつもより長く咲きます。

草飾り3

タンポポ
+
ヒンメリ

1　ヒンメリに綿毛になったタンポポを吊るす。

*ヒンメリは麦わらでつくったフィンランドの伝統的なモビール。ドライになった葉や種を飾っても素敵です。

草飾り4

イヌホオズキ
＋
シロップレードル

1　シロップレードルに水を入れて草を飾り、目にとまりやすいところにかける。

草飾り5

ヘビイチゴ
＋
はちみつの容器

1　容器をきれいに洗い、水を入れて草を1輪飾る。

＊ケチャップやマヨネーズなど、何気なく使っている容器をよく見ると、花器になるものがあります。

ブーケ

ムラサキカタバミ
ハマダイコン
ツルソバ

1　手に持つ部分についている草の葉をおとして、束ねたらひもでくくる。

2　すぐに渡せないときは、キッチンペーパーで茎の部分をくるみ、水を含ませて軽くしぼったあと、水がしたたらないようにビニールで包む。

＊季節の草でつくりましょう。種類によっては、摘むとくったりする草もあるので、花持ちのよい草を選びます。

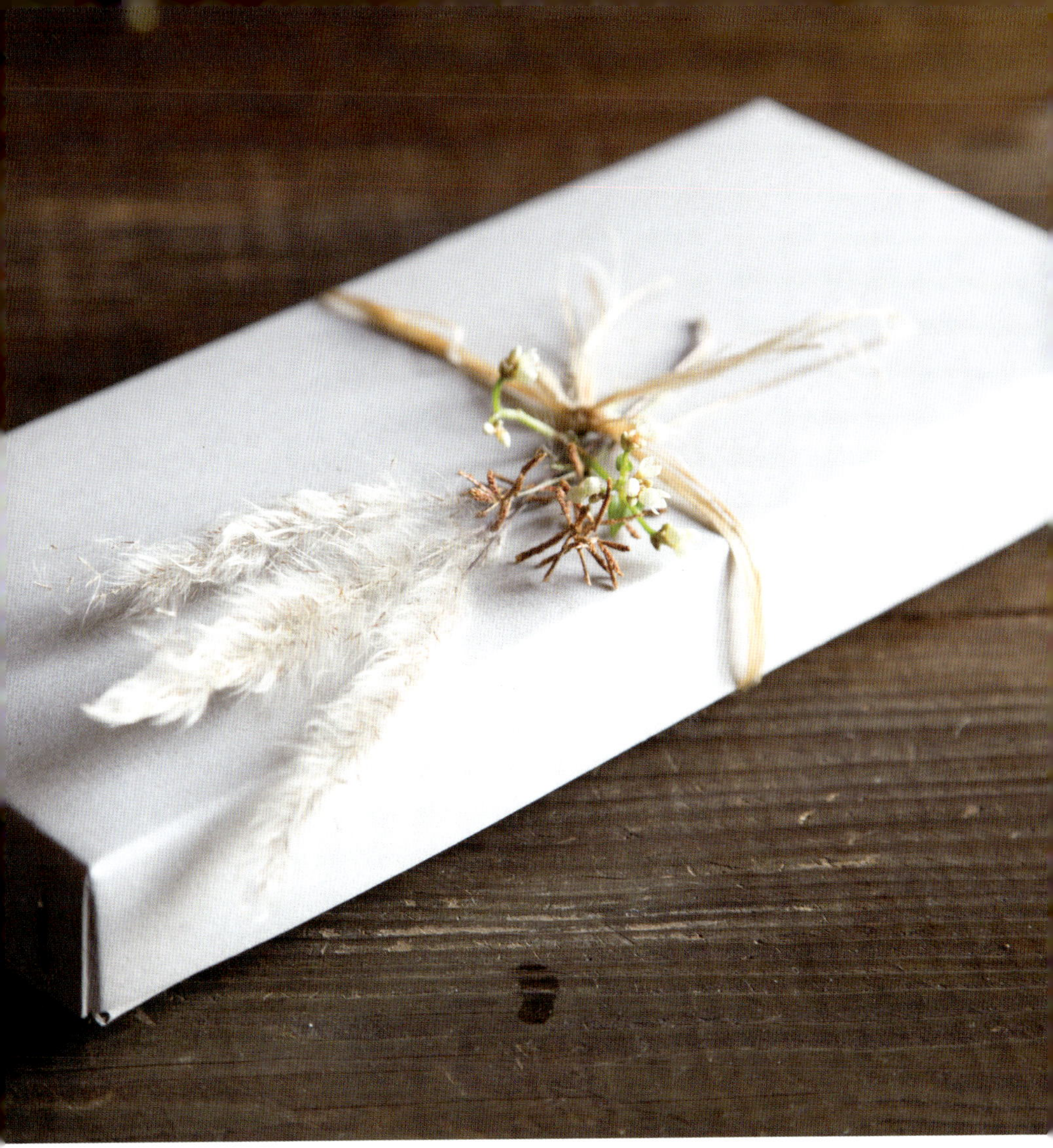

ギフトラッピング

ツルソバ
ハマスゲ
チガヤ

1　チガヤ3本、ハマスゲ1本、ツルソバ1本を束ね、ラッピングのひもに挿しこむ。

＊ドライにしてもかたちが崩れない草を束ねると素敵なアレンジができます。

リース

カニクサ
コゴメガヤツリ
ホウキギク
サルスベリの実

1　カニクサを2メートル用意して2重に巻いてリースをつくる。1メートルを2本用意して絡めながら巻いてもよい。

2　サルスベリの木の実（メインになる草）を挿し、コゴメガヤツリ2本、綿毛になったホウキギク（補助的な小さな草）をやわらかい雰囲気になるところに挿す。

3　ひもをかけて光があたるところに吊るし、生からドライになる様子をたのしむ。

キャンドルリース

ススキ
ヘクソカズラ

1　ススキの穂を茎からとり、6本束ねたもので三つ編みをする。

2　穂がたりなくなったら、数本ずつ加えてつくりたいリースの長さになるまで編みこみ、輪っかをつくってひもでくくる。長く出すぎた穂はカットして、全体のバランスを整える。

3　実をつけたヘクソカズラを2センチほどの長さに切り、茎をススキに挿しこむ。

こころと体を癒す

自然のままに生きている草に触れると、
自然のままに生きやすくなります。
これがいちばんの癒しです。

こころと体と向き合いながら暮らしていると、心身の状態を調えるためには、自分らしく自然体でいることがとても大切なことがわかります。季節の移ろいや月の満ち欠け、星の動きといった、自然のリズムを感じることも欠かせません。

身土不二（体と環境はつながっている）を意識して地元のものを食べていると、こころと体を調えるものも、暮らしているところにあるものでまかないたいと思うようになりました。草にはたくさんの種類があり、それぞれに効能もあります。草でできることは、きっと想像以上にあるでしょう。

沖縄のおじいさんから、家のひとが病気になると、その病を治す草が庭に生えてくるという話を聞いたことがあります。自然はバランスをとりながら常にギフトを与えていて、それに気づけるかどうかなんだそうです。

いま住んでいる家の庭には、マンゴー、グァバ、スターフルーツといった熱帯果樹をはじめ、20種類の松や桜などの樹木、その下に浄血力のあるヨモギや胃を丈夫にするタンポポ、記憶力をよくするといわれるツボクサなどの草がわんさか生えています。

ちょうど体力的に弱っている頃、桑の木の下の枯れ木に、漢方薬のなかでも貴重とされる霊芝《れいし》の仲間、サルノコシカケを見つけました。民間療法に用いられるサルノコシカケも、免疫力を調整する力があります。もったいなくてそのまま残していますが、いま思えば、あのときのわたしに必要だったのかもしれません。

おじいさんの話を聞いてから、以前は生えていなかった草が生えたり、実らなかった果実が実ると、自然からメッセージが届いたような気持ちになるようになりました。〝自分に必要なものを、自然のなかから自分で見つける〟。草に触れながらこの感覚を磨いていくことが、いまのわたしのたのしみのひとつ。庭のないひとは公園や河原などのこころを寄せている身近な場所で、素敵なギフトを探してみてください。

本来の薬の語源は、病気を治す草という意味のようですが、薬という字は〝草を楽しむ〟と書きます。わたしなりの解釈ですが、草に触れながらわくわく楽しい時間を過ごすことも、こころと体の不調を治す薬になるように感じています。

自然と一体になって暮らしていた先人たちにとっては、草を薬にするのはあたり前のこと。すべてをまねることは難しいけれど、昔のひとたちが生かしてきた知恵を学びながら、いまの暮らしのなかに少しずつとりいれていきたいと思っています。

ドクダミ化粧水

1　きれいに洗ったドクダミを乾かし、蓋つきのガラス容器に8分目まで入れ、完全に浸るまでアルコール40〜50度の日本酒を入れる。

2　日当りのよいところに置き、1日数回瓶を振る。

3　2週間ほどしたら布でこし、きれいな瓶に保存する。

4　3を10ml、グリセリン10ml、精製水180mlをまぜてスプレー瓶などに入れる。

*冷暗所に保存して、3か月を目安に使い切ってください。

かゆみどめ

1　オオバコの葉を1枚摘み、やわらかくなるまでもむ。

2　蚊などの虫に刺されたところに貼る。

＊かゆみがひどい場合は、よくもんで汁をかゆいところに直接塗ります。

クレイパック

1　スギナを煎じて煎液をつくる。

2　クレイにその半分の量の1を入れて、マヨネーズのやわらかさになるまで軽くまぜる。

3　塗りたいところに厚めに塗り5~10分ほど放置。保湿させたい場合は、途中でクレイが乾かないように霧吹きなどで水をかけて潤す。

4　ぬるま湯で洗い流す。

*クレイは汚れを吸着するだけでなく、ミネラルなどの栄養分を細胞にしみ込ませるので、肌が元気になります。種類によっては毒素を引きだし、消炎作用が期待できます。スギナの美白、美肌効果も加わり、ツルツルのお肌になるでしょう。

入浴剤

1　草を洗い天日干ししたもの（生でもよい）を煮だした煎液をお風呂に入れる。もしくは、葉を布にくるんでお風呂に入れる。

〈ドクダミの入浴剤〉

毛細血管を強化し、皮膚を再生させる力がシミ、シワを予防。湿疹、アトピー性皮膚炎などの肌のトラブルを改善。


〈ヨモギの入浴剤〉

血流をよくし、腰痛や肩こり、生理痛、冷え性を緩和。悪い気を流す力があるので、邪気払いにもよい。

手浴、足浴

P101でつくった煎液を水で薄めて、小さな花や葉を浮かべ、目からもリラックス効果をいただきましょう。

もぐさ

1 洗ったヨモギを天日干しでカラカラになるまで乾かす。

2 適量をすり鉢のなかに入れ、葉がふわふわになるまですり、小さく丸める。

3 気が滞っているところに置いて、線香などで火をつける。

＊本来のもぐさはヨモギの葉の裏についている白い毛のみを集めますが、葉も毛も全部使って簡易的なもぐさをつくります。

＊燃やしたあとのモグサを入れる器を用意してから火をつけてください。ヨモギはよく燃えるので、火の扱いには十分気をつけましょう。

ハコベの歯磨き粉

1　ハコベ100gをきれいに洗い、50mlの水を入れジューサーにかける。

2　ふきんでこした搾り汁と塩大さじ3をフライパンに入れ、塩がサラサラになるまで焦がさないようにまぜながら炒る。

＊歯槽膿漏や歯周病の予防、歯ぐきの止血などに、はぶらしの表面につけて磨きます。好みでミントの葉と合わせてつくると清涼感がでます。

豆腐パスター

1　水切りした豆腐（1／4丁程度、使う部分に合わせて量を調節）をつぶし、水気がでないように小麦粉を適量入れ、豆腐の1割分のおろししょうがを加えてまぜる。

2　小さく刻んだツボクサをまぜる。

3　2センチほどの厚みに伸ばしたあとガーゼで包み、熱のある部分に置く。30分おきにとりかえる。

＊豆腐とツボクサが熱とともに体内の毒素も引き出すので、使用後は食べずに、感謝しながら捨てましょう。

ススキのお守り

1　摘んできたススキの葉を半分くらいのところで丸め、葉の両端を交差させて輪っかをつくる。

2　交差した部分がずれないように指でおさえ、上のほうの葉の先端を半分くらいのところで丸めて、1でできた輪のなかに引き込み、もうひとつ輪をつくる。

3　2でできた輪をもち、下のほうの葉の先端を引っ張り、1の輪を軽くしめる。

＊沖縄では「サン」と呼ぶお守り。わるいものを寄せつけないよう、旅立つひとに持たせたり、わたしは体調がわるいときなどもこのお守りを持ち歩いています。

＊手を傷つけないように、軍手などをしてつくりましょう。

酵素をつくる

酵素は目に見えない菌の働きやこころの動きなど
繊細な力をいかしながらつくります。太陽の光や流れてくる風、小さな虫の羽音など、
まわりに存在するものを感じながらつくりましょう。

草で初めて酵素をつくったのは２０１０年。手づくり酵素を飲みながら自ら肝炎を完治させた、河村文雄さん（十勝均整社刊『人類の命を救う　手作り酵素』の著者）に酵素づくりを習ったという友人に教えてもらいました。夏の日射しをものともしない、生命力いっぱいの草の力を発揮させる方法に目から鱗が落ち、無農薬畑に咲く草を摘み集めてつくりました。

酵素とは、わたしたちの体が元気に活動できるように、栄養の分解や吸収、排泄、食品添加物の解毒など、あらゆる生命活動をスムーズにしてくれる魔法のような物質です。体内でもつくられますが、その量は限られているため、生の野菜や果物、肉や魚、発酵食品に含まれる酵素をいただきながら、体の働きを維持することが必要になります。

ところが、この酵素はたんぱく質でできているため、40度ほどの熱でほとんどの機能が失われてしまうのです。最近は加熱殺菌された食べものを口にすることが多く、食べものだけで酵素を補うのは難しくなってきました。食生活は豊かなのに疲れているひとが多いのは、酵素不足が原因のひとつにあるかもしれません。そんななか、摘みたての新鮮な草の酵素をいただくというのは画期的。体の強い味方になってくれそうです。

わたしの酵素づくりは、満月に近づく日の午前中、朝早い時間に草を摘み集めることからはじまります。満月を意識するのは、草の先端部分にエネルギーが集まるタイミングだからです。

少しでも体にいいものをつくりたい、そう思いながら酵素をつくったある満月の日。友人とちょっとしたことでケンカをしながら作業をしていたら、できあがった酵素が腐ったことがありました。菌はつくり手の感情に繊細に反応する生きものなんですね。それ以来、食べものを発酵させるときは、こころの状態を何より大切にするようになりました。酵素をつくる前日は、温泉に行ったり、塩でお清めをして、こころと体の状態を調えることもあります。草を摘む前は土地の神様に手を合わせて、「いただきます」「ありがとうございます」とご挨拶しています。

酵素は摘んだばかりの草に白糖をまぶし、手のひらの常在菌で発酵させるため、手でかきまぜてつくります。しばらくすると、白糖の浸透圧で酵素エキスが出てくるので、十分に発酵させたあとそれをこしたらできあがり。

白糖はビタミンB1やカルシウムを奪うので、使うことに抵抗があるひともいると思いますが、酵素をつくる途中で、ブドウ糖と果糖というエネルギー源になります。体のなかで栄養に分解する必要がなくなるので、むしろ疲れがたまっているときや風邪をひいたときの助け舟になるでしょう。飲むとお腹があたたまり、冷えの改善にもよさそうです。

雑草酵素をつくりながらおもしろいと感じるのは、同じ草でつくっても、春と秋では味が違うこと。味というより〝エネルギーの質〟がぜんぜん違うのです。

春の酵素は香り豊かで、体の奥から瑞々しい力が湧いてきます。秋の酵素は穏やかな気持ちになり、内側にエネルギーを蓄えるような感触があります。お店で販売される飲みものはどの季節も同じ味がしますが、酵素をつくることで、自然界はいつも変化しつづけていることを思いださせてもらいました。夏に向かうときと冬に向かうときで、草たちが秘める力は違うのです。

酵素をつくるコツ

・除草剤や車の排気ガスなど、体の害になりそうな影響をうけていない草を摘みましょう。

・時間がたつほど酵素が失われるので、摘んだあとは、すぐに草を洗い仕込みます。摘んでいる最中は、日射しなどで草がくったりしないように気をつけましょう。

・酵素を仕込む容器の大きさは、草の重さの3〜4倍が目安です。草を仕込んだあとは、水気を拭きとったきれいな手で1日1回まぜます。手に怪我をしていると腐敗菌がつくので、怪我をしていない手を使うか、家族や大切なひとにまぜてもらいましょう。家族で酵素をいただく場合は、家族みんなでまぜるとよいでしょう。

・まぜたときに十分泡立つようになったら、草をザルにあげ、草からしたたるエキスを容器のなかにおとします（カスがでるので、手で搾らずに自然に水分が切れるのを待ちます）。できたエキスを布やペーパーでこしたあと容器に保存します。泡立たない場合は、味見をして砂糖の味が消えるのを確認しながら、1週間から10日ほどで引きあげてください。

・ザルも布も容器も、使うものは熱菌処理などして、きれいなものを使いましょう。プラスティックの容器で長期保存すると酸化しやすいので、瓶の容器をおすすめします。

・酵素はつくっている最中も、完成したあとも冷暗所におきます。呼吸しやすいように軽くフタをするか、布で覆って輪ゴムでとめて栓をします。「ありがとう」と書いた紙を容器に貼るとさらにおいしくなるように思います。

・腐敗（カビたり、糸をひいたり）しないかぎり賞味期限はありませんが、時間がたつとともに味や香りは変わります。

海辺と森の草の力を合わせる

〈海辺の草〉
ハマゴウ
ギシギシ
シロバナセンダングサ
ツワブキ
クサトベラ

〈森の草〉
カニクサ
カラムシ
ヤブタビラコ
ヨモギ
ツボクサ
ノゲシ
タンポポ
ウスベニニガナ
ススキ
ジュズダマ
ハイビスカス

自然のなかにたたずむとき、光と影に見とれます。世界は陰と陽、相反するもので成り立っており、それらがひとつになることのすばらしさを感じます。酵素をつくるときも、森だけでなく海辺に生えている草を合わせようと思いました。

数千種類もある酵素ですが、ひとつの酵素はひとつの仕事しかしないのだとか。庭の草も加えて、できるだけたくさんの種類の草をまぜましょう。

葉だけでなく花もつぼみも、秋は根っこも入れます。ふくらんだつぼみには強い抗酸化力があるそうですが、つぼみや花に触れるとこころが明るくなるので加えています。

草を摘むときに大切にしていることは、自然を感じ、自然のリズムに共鳴すること。「ここだよ」と呼びかける草の声を聞くのです。

気持ちよく洗う

水をはった桶に草を入れて揺らしながら洗います。草をとりあげたあとの水がきれいになるまで洗ってください。2、3回でだいたいきれいになります。

水道水は殺菌されていることが多いので、湧き水が流れるところがあれば、自然の水で洗いましょう。水道水を使う場合は、とくにこころをこめて。

ざくざくと刻む

2、3センチの長さに刻みます。このとき漂う草の香りを、〝目覚めの香り〟と呼んでいます。数種類もの草から生まれた香りのハーモニーをたのしんでください。

こころをこめてまぜる

砂糖の量は草と同量か1・1倍が目安。たくさんの量をつくるときは、数回にわけて手でまぜ合わせます。粉雪に覆われたように白い化粧を施す草たち。酵素をつくるたびに見とれてしまう風景です。

発酵の音を聞く

季節や環境によって異なりますが、毎日1日1回かきまぜると、一週間ほどでぷくぷくと泡立ってきます。草の色が黒ずんできた頃がとりあげるタイミングの目安。

酵素のたのしみ方

・ジュースにする
水やハーブティ、柑橘系のジュースで4～5倍に薄めて飲みます。原液、1日60ml（130～190kcal）を目安に飲みましょう。酵素は40℃以上の熱に弱いので、常温でいただきます。レモンなどの搾り汁を加えると大変おいしく、氷を入れたり、カクテルで割っていただくこともできます。

・料理に使う
ジャムのようにパンに塗ったり、みりんのように煮物などに使い、酵素の甘みをいかすことができます。

・マッサージする
オイルマッサージと同じように、体全体をマッサージすると、血行を促し、リンパの流れをよくします。肌の老廃物が吸着されるので、くすみがとれ、しっとりなめらかな肌になるでしょう。

・パックやパッティングする
体の重だるいところをパッティングしつづけると、毒素が抜けて体がラクになることがあります。顔はデリケートなので、パックのあと、乾いたらぬるま湯で優しく洗いながします。

・入浴剤にする
搾りかすをひとつかみ、布袋などに入れて浴槽に入れます。体をあたため、肌をスベスベにします。足湯に入れても同じ効果があります。

・肥料にする
搾りかすは肥料になります。ゴミ箱に捨てるのではなく、自然からいただいたものなので、できるだけ土へかえしましょう。

わたしの好きな草

道ばたに咲いている草は好きな草ばかりですが、この本に登場した草を中心に、出会うとうれしくなる草を紹介しました。こころ惹かれる草を見つけたら、掲載ページを参考にしながら暮らしのなかで生かしてみてください。

【ア】

アカツメクサ

［マメ科　初夏〜夏］

道ばたや空き地などに生えるシロツメクサの仲間。イソフラボンを含み、女性ホルモンのバランスを調えたり、体質改善や更年期障害の症状改善などが期待できる。西洋ではメディカルハーブとして扱われる。

アキノノゲシ

［キク科　夏〜秋］

日本全国の空き地や土手、庭などに生える。葉の形が細長いものもあれば、深く切れ込みのある葉があり、２センチほどの花は一日花。若葉はクセがなく、サラダや炒めものなど幅広く料理に使える。

p44

アメリカフウロ

［フウロソウ科　春〜初夏］

北アメリカ原産で昭和のはじめに渡来。切れ込みのある葉のかたちがかわいらしく、部屋に飾ると涼しげな空間をつくる。本州から沖縄の道ばたや空き地、畑などに生える。

p50、70、73

ウスベニニガナ

［キク科　夏］

本州以西、海岸の近くに自生。あたたかいところでは春から秋まで長い期間花を咲かせる。花が咲く前の肉厚の葉を、汁の具やサラダにして食べる。

p83、116

エノコログサ

［イネ科　夏〜秋］

日本全国の日当りのいい道ばた、畑などに生える。猫をじゃらすときに重宝するので、ネコジャラシの別名で親しまれている。粟の原種といわれ、

＊分類の下に表示した季節は花期。

煎ってふりかけにして食べる。
p83

オオバコ

［オオバコ科　春〜夏］
日本全国の道ばたなど、身近なところで見かける。種子には咳止めや視力増進の力があるといわれる。靴について種が運ばれるので、ひとの往来のあるところによく生える。森で迷子になったときの案内役になるかも？
p6、50、99

【カ】

カキドオシ

［シソ科　春］
北海道から九州にかけて、道ばたや畑の脇などに自生。垣根を通すように広がることよりカキドオシ。清涼感のある香りが特徴で、お茶にするとおいしい。

カタバミ

［カタバミ科　春〜秋］
世界中に分布し、畑や空き地、道ばたのあちらこちらに生えるなじみのある草。花のあとはオクラを小さくしたような果実をつくり、熟すと種が飛び散る。草むしりをすると顔に飛んでくることがある。
p7

カニクサ

［カニクサ科］

本州中部以南の道ばたや薮の茂みに絡みつく、つる性のシダ植物。とても強いつるでカニを釣って遊んでいたことからカニクサ。沖縄の方言名はヒージャークルバサーで「山羊をも転ばせるやつ」という意味。
p49、92、116

カラシナ

［アブラナ科　春］
高さ30センチから1メートル以上に成長して花を咲かせる。からしをつくるために栽培されたものの種が広がり野生化。日本全国の畑や道ばた、河原などの日当りのよいところに生える。
p54〜55、83

カラムシ

［イラクサ科　夏～秋］

本州から沖縄の畑や道ばたに自生。葉の裏についている密集した白い毛が布につくので、葉を服に貼って遊ぶ。韓国で食べたカラムシの草まんじゅうをヒントにお料理に応用。p52～53、116

ギシギシ

［タデ科　夏］

日本全国の道ばたや畑など、やや湿ったところを好んで自生。40センチから1メートルほどの高さに成長し、輪状の花をつける。1度聞いたら忘れないユニークな名前は、古くは「シ」の一文字だけで呼ばれていた。p42～43、116

ゲンノショウコ

［フウロソウ科　夏～秋］

全草（花、葉、茎、根など植物すべて）を乾燥させて煎じたお茶にはすばらしい整腸作用があり、ドクダミ、センブリとともに日本の三大薬草のひとつ。花の色は白や紅色。多年草なので、見つけたら場所を覚えておくと、毎年同じところに花を咲かすので重宝する。p72、73

コゴメガヤツリ

［カヤツリグサ科　夏～秋］

本州から沖縄の畑や空き地などに生える。カヤツリグサより小さいので、「小米」とついた。茎が三角のかたちをしているのは、カヤツリグサ科の特徴のひとつ。p92

コセンダングサ

［キク科　秋］

本州から九州の道ばたや空き地、河原など日当りのよいところに自生。花弁がないので地味だけど、部屋に飾っていると花から種に変わる様子もたのしめる。

【サ】

シナガワハギ

［マメ科　春～初夏］

江戸時代に品川の近くによく咲いていたことからシナガワハギ。ヨーロッパではハーブとして用いられ、脚部のむくみや血行不良、頭痛、不眠症、消化不良などに効果があるとされている。ただし、乾燥した葉は肝臓の働きを弱めるため、新鮮な若芽を摘み、多食は控えたほうがよい。p46～

47、60

ジュズダマ

［イネ科　夏］

硬い果実の真んなかに細い空洞があり、糸をとおしてジュズにして遊ぶことからジュズダマ。水の流れるところを好み、アスファルトが敷き詰められて水のとおり道が失われたため激減中。本州から沖縄に自生。p74、116

シロツメクサ

［マメ科　初夏～夏］

江戸時代にオランダよりガラスを輸入するときに、割れないように詰草にされていたことからシロツメクサ。割れもののプレゼントをするときに使ってみたい草のひとつ。日本全国の日当りのよい空き地や原っぱに自生。p73、126

シロバナセンダングサ

［キク科　春～冬］

果実の先端に2～4個のトゲがあり、これが服や動物の毛について運ばれる。トゲがささると痛いので沖縄では「サシクサ」と呼ばれる。残念ながらあまり好まれていないが、すばらしい抗酸化力があり、花も葉も食べられお茶にもなる。p60、116

スギナ

［トクサ科］

胞子を飛ばすツクシの栄養茎。北海道から九州の空き地や道ばた、畑などの酸性土壌に生える。葉を乾かして粉にしたものと塩を合わせるとふりかけになり、やわらかい若芽を炒めるとおいしい。スギナの朝露にぬれている姿は美しい。p72、100

ススキ

［イネ科　夏～秋］

草原や道ばたなど、日本全国の日当りのよいところに自生。秋の七草では尾花（オバナ）と呼ばれ、屋根を葺く材料にしたり、家畜の餌に使われてきた。穂が大陽の光にあたると幻想的な風景が広がる。p

93、107、116

スズメノエンドウ

［マメ科　春］

本州から沖縄の道ばたや空き地、畑などに生える。飾ってもよし、食べてもよし。1センチに満たない果実には、2個の種が入っている。p34、46～47

スベリヒユ

［スベリヒユ科　夏～初秋］

細胞の働きをサポートするオメガ3が入っており、漢方の材料にもなる。体を冷やすので多食は控えたほうがよいが、とてもおいしく、サラダや炒めものなどいろいろな食べ方ができる。日本全国の日当りのよい畑や道ばたに生える多年草。黄色の花は午前中のみ開く。p28、38～39

スミレ

［スミレ科　春］

日本全国の道ばたや庭などに自生。古代ギリシャやローマでは、頭痛や二日酔い、視覚障害に利用し、医学の父、ヒポクラテスは、うつ病にすすめていたといわれる。花を浮かべた水を飲むと気持ちが明るくなる。p34、54～55、60、86、141

【タ】

タンポポ

［キク科　春～秋］

日本全国の道ばたや空き地など、身近なところに生える。春に花を咲かせるニホンタンポポと、あたたかいところでは一年中花を咲かせるセイヨウタンポポ（写真）がある。花も葉も根も全部食べられ、根できんぴらをつくることもできる。p6、16、34～35、44、49、60、76、87、96、116

チガヤ

［イネ科　初夏］

日本全国の日当りのよい道ばたや野山に群生。穂が出る前のつぼみを噛むと甘味があり食べられる。根は生薬になり、利尿作用を促す。p91

チドメグサ

［セリ科　夏～秋］

本州から沖縄の道ばたや空き地などに自生。1～1.5センチほどの小さな葉はセリに似た味がする。葉にはツヤがあり、光にあたると輝く。p

34

ツボクサ

［セリ科］

セリのような味で、サラダやスムージーにしていただくとおいしい。本州から沖縄に自生。木の下に地をはうようにして広がるのをよく見かける。多年草なので家の近くで見つけておくと、いつでも摘むことができて便利。p28、34、49、74、96、106、116

ツユクサ

［ツユクサ科　夏～初秋］

日本全国の道ばたなど、少し湿ったところを好む。花の色は水にとけるので、友禅染めの下絵を描く染料になる。午前中しか咲かないので、花を飾ったり料理に使うときは朝摘む。

ツルソバ

［タデ科　初夏～初冬］

伊豆半島以西、朝鮮半島、ヒマラヤなどに分布。海岸や道ばた、庭などに地をはいながら広がる。花のあとは黒い果実ができる。p56～57、83、90、91

ツワブキ

［キク科　秋～初冬］

本州から沖縄の海岸の岩の上や崖などに生える。大きなツヤのある葉をフライパンであぶると、捻挫や打撲をしたところの湿布になる。茎はアク抜きしたあと甘辛く煮るとおいしい。p116

ドクダミ

［ドクダミ科　初夏］

生の葉から放たれる独特の匂いは殺菌効果がある。どちらかといえば日陰を好む草で、アスファルトを突き破って花を咲かせているところもよく見かける。p70、72、98、101、128

【ナ】

ナガエコミカンソウ

［トウダイグサ科　夏～秋］

近年日本に入ってきた草。関東以南の道ばたや庭などに自生。卵形の葉と小さな果実が愛らしい。

ナズナ

［アブラナ科　春〜初夏］

北半球に広く分布し、道ばたや畑、空き地などに自生。ハート型の果実が三味線のバチに似ていることより、ペンペングサの別名で親しまれている。花が咲く前の葉はクレソンのような味でおいしい。

ノゲシ

［キク科　春〜夏］

ヨーロッパ原産で世界中に分布。道ばたや空き地など、日当りのよいところに自生。ときにアスファルトのすき間に根をおろし花を咲かせている。花を咲かせる前の若葉をゆでてポン酢で食べるとおいしい。ウサギの餌に人気。p7、44、116

ノブドウ

［ブドウ科　夏］

北海道から本州の山野や野原などに自生。薄紫色から青色に変化する果実の色が美しい。

【ハ】

ハキダメギク

［キク科　夏〜秋］

繁殖力が強く、畑の強害草といわれているが、王冠のかたちをした花弁が愛らしい。日本全国の道ばたや畑、空き地などに生える。

ハコベ

［ナデシコ科　春〜秋］

春の七草でハコベラと呼ばれ、タンパク質、カルシウム、鉄などのミネラルを豊富に含む。胃腸の調子を調えたり、浄血力もある。日本全国の道ばたや空き地、畑などに自生。p105

ハゼラン

［スベリヒユ科　夏〜秋］

本州から沖縄の住宅街に自生。なぜかブロック塀とアスファ

ルトのすき間によく生えている。花が咲く前の葉をゆでてしょうゆをかけて食べるとおいしい。p58～59

ハハコグサ

［キク科　春、秋］

春の七草でオギョウと呼ばれている草。この草の仲間にチチコグサという名前の草があり、茶褐色の地味な花を咲かせる。ヨモギが草餅に使われるようになる前はハハコグサが使われていたとか。

ハマゴウ

［クマツヅラ科　花期／夏］

東北以南、温暖な地域の砂浜に自生。黒い種子を煎じると、風邪の発熱や水分の蓄積をとりのぞく力があり、偏頭痛やめまい、のぼせなどに効果があるといわれる。種子や葉を入浴剤にすると、神経痛やリウマチ、手足のしびれを改善する効果が期待できる。p116

ハマスゲ

［カヤツリグサ科　初夏～秋］

本州から沖縄にかけて、浜をはじめ道ばたの日当りのよい乾燥したところを好んで生える。日本では薬草として正倉院から見つかり、秋から春にかけて成長した根は、健胃、浄血、通経などの効能があるといわれる。生薬名は香附子（こうぶし）。p91

ハマダイコン

［アブラナ科　春～初夏］

高さ30～60センチの高さに成長し、大根のような花を咲かせる。大根が浜で野生化した草で、根は硬くて相当辛い。p36～37、90

ヒメオドリコソウ

［シソ科　春］

北海道から九州の道ばたや空き地に群生する。高さ10～20センチほどに成長し花を咲かせる姿が、傘をかぶった踊り子のように見えることよりヒメオドリコソウ。シソ科特有の四角い茎をしている。

ヘクソカズラ
［アカネ科　夏〜秋］
日本全国の道ばたや薮など、つるを何かに巻きつけながら繁殖。屁と糞のような匂いがするという理由で命名されたが、近年、独特の匂いが消えつつある。真んなかが紅紫色に染まった花も黄金色の果実も愛らしい。p93

ヘビイチゴ
［バラ科　春〜初夏］
日本全国の道ばたや庭、田のあぜなど、地にはうように生える。黄色の花のあとの果実をたくさん集め、焼酎につけると虫さされの薬になる。果実は食べられる。p50、89

ホウキギク
［キク科　夏〜秋］
本州から沖縄、小笠原などの道ばたや空き地などに生える。遠くから見ると地味だが、近寄って花を見るととてもかわいらしく、ブーケやリース、花飾りなどの脇役になってくれる。p92

【マ】

ムラサキカタバミ
［カタバミ科　初春〜初冬］
日本全国の道ばたや畑、公園や庭など身近な場所に生える。もともとは江戸時代に観賞用として持ち込まれたものが野生化したもの。根っこは鱗茎になっていて、抜けば抜くほど、増えるようになっている。p34、46〜47、60、90

ムラサキハナナ
［アブラナ科　春〜初夏］
日中戦争のさなかに現地を訪れた日本の薬剤官が、廃墟に咲くこの花に胸を打たれ、日本に持ち帰る。汽車の窓から種を入れた泥団子を投げて広め、平和の花と呼ばれるようになった。本州から九州の線路脇に多く自生する。

【ヤ】

ヤエムグラ
［アカネ科　初夏］
日本全国の空き地や畑、薮に自生。毛がついているので、服などの布にくっつきワッペンになる。花は1ミリほどの4裂する白い小さな花が咲く。p7

ヤブガラシ

［ブドウ科　夏］

日本全国の道ばたや薮、庭や畑などに自生。巻きひげを絡みつけながら成長し、絡まれると薮さえも覆いつくして枯らしてしまう勢いがあることからヤブガラシ。厄介者だけど、葉の形は美しく、庭に生えていると鑑賞用気分で眺めてしまう。p34、49

ヤブタビラコ

［キク科　春〜秋］

日本全国の道ばた、庭や薮などに生える。やわらかい葉はクセがなく、サラダなどにしておいしくいただける。7ミリほどの花は夜や曇りの日は閉じる。p40〜41、116

ユウゲショウ

［アカバナ科　初夏〜秋］

本州以西の道ばたや空き地、河原など、日当りのよいところに生える。アカバナユウゲショウとも呼ばれ、観賞用に栽培されていたものが野生化したもの。

ユキノシタ

［ユキノシタ科　初夏］

本州以西に自生。半日陰の湿った場所を好むが、乾燥した岩場などに花を咲かす姿も見られる。古くから民間薬として使われ、生葉の搾り汁は、切り傷、火傷、しもやけ、虫さされ、うるしかぶれ、にきびなどに効果がある。花言葉は「深い愛情」。

ヨモギ

［キク科　秋］

日本全国の道ばたや庭、畑など身近な場所に自生。鉄分やアルテミシニンという成分を含み、すばらしい浄血力をもつ。アクが強く、新芽以外をいただくときは湯通ししてアク抜きをすること。体をあためる効果があり、肝臓、腎臓、脾臓の造血作用がある。p34、73、96、101、104、116、133

毒のある草

たくさんあるなかから、身近な場所で見かける毒草をほんの少し紹介。美しい花を咲かすものもありますが、食べたり肌につけたりしないように、扱いには気をつけてください。

イヌホオズキ

［ナス科　夏～秋］

日本全国の道ばたや畑、空き地などに生える。花のあと緑色の果実ができて熟すと黒色に染まる。若葉を食用とする国もあるが、ソラニンという毒があるため、とくに果実は食べないように。バドミントンの羽根のような花はかわいらしい。p88

キケマン

［ケシ科　春～初夏］

日本全国の空き地や林など、やや日陰を好み自生。にんじんに似た深い切れ込みのある葉はやわらかくおいしそうに見えるが、全草に毒がある。誤食すると吐き気や睡眠、心臓麻痺などを起こすことがある。紫色のムラサキケマンも毒草。p83

キツネノボタン

［キンポウゲ科　春］

本州から沖縄のやや湿ったところに生える。汁が皮膚につくと皮膚炎をおこし、誤食すると、急性胃腸炎、下痢、消化器出血、嘔吐などを起こす。

クサノオウ

［ケシ科　春～夏］

北海道から九州の道ばた、荒れ地などに生える。黄色の汁は皮膚に触れると炎症を起こすことがあり、誤食すると、呼吸麻痺、昏睡などになる可能性がある。

タケニグサ

［ケシ科　夏～秋］

本州から九州にかけて、空き地など日当りのよいところに自生。1、2メートルまで成長し、茎を折ると黄色の汁が

出て、触れると皮膚炎を起こす。アルカロイドを含み、誤食すると、嘔吐、血圧低下、呼吸麻痺などを起こすことがある。

トウダイグサ

［トウダイグサ科　春～夏］

本州から沖縄の道ばたや畑の脇など、日当りのよいところに自生。白い汁が皮膚につくとかぶれ、誤食すると、喉の炎症や嘔吐、下痢、胃腸炎などを引き起こす。

ヒガンバナ

［ヒガンバナ科　秋］

日本全国の田のあぜや川の土手に自生。昔は救荒植物として毒抜きしたでんぷんを食べていたが、アルカロイドを含み、嘔吐や下痢、神経麻痺などを起こす。

ヒヨドリジョウゴ

［ナス科　夏～秋］

日本全国の野原や道ばたに自生するつる性の草。花のあと緑色の果実をつけ熟すと赤くなる。誤食すると、頭痛、嘔吐、下痢などを起こす。

おわりに

道ばたに咲く草が子どもの頃から好きなわたしは、いつしか自然にお礼がしたいと考えるようになりました。土や水を汚さない暮らしのアイデアを実践する。これが、わたしなりのお礼のひとつ。草の魅力を伝えるいまの活動の最初の思いです。

13年暮らした東京から、沖縄に住まいを移したのは2009年。自然が好きだからというのもありますが、10代の頃から通っている沖縄の森や海岸が、開発によって削られていく光景をじっと見ていられなかった、というのがいちばんの理由。自然に負担をかけない暮らしってどんなことだろう？　大切に思う土地のうえで考えたいと思いました。

ところが、自然を思いやって飛び立ったものの、ここからわたしの生き方が180度変わりはじめます。

土の少ない都会でも草の力に感動しながら暮らしていましたが、南の島の草はまさに怖いもの知らず。沖縄でやっていることは、東京にいる頃とそれほど変わりはないのですが、勢いあふれる命と向き合いながら暮らしているうちに、体だけでなくこころまで変化していきました。

笑っているひとと向き合うと笑ってしまうように、自然体で生きる生きものと向き合うと、自然体になるのでしょう。光を求めて成長する草たちに触れていると、考えても仕方ないことで思い悩むことを、少しずつ手放せるようになりました。一度決めたことを決めたとおりにすることに、一生懸命だったわたしにとって、この変化は驚きです。いまこの瞬間のこころの動きを、何よりも大切にするようになったのです。

「生きる」と決めたところで生きているからこそ、強い雑草。彼らが自由に咲いている風景を見ていると、日陰が好きなのに無理をして日向に咲くことは、日向に咲きたい花の命のじゃまをしてしまうことに気づきます。それは、わたしたちの生き方においても同じでした。どんなふうに感じていて、どうしたいのか……。まわりのひとを思いやる気持ちはもちろん大切ですが、自分らしい選択をすることは、まわりまわってみんなが自分らしく生きることにつながっています。

こころに正直に向き合うこと。これが、わたしたちが暮らしている地球のパズルを1ピースもあまらせることなくつくりあげるコツ。平和で美しい地球になる根っこの部分です。

都会にも自然あふれるところにも、草は生えています。一見両極端な空間ですが、草たちを見ながら歩いていると、どんなところにも、食べられる草、お茶になる草、毒のある草が生えていることに気づきます。

都会はアスファルトで覆われているため、草の生える場所に限りはありますが、それでもたくさんの種類があり、食べられる草がないとか、毒草ばかりとか、そんなことはありません。いろんな特徴を持った草がバランスよくそこにあり、こころと体を癒す草も生えています。「必要なものは目の前に与えられている」というのも、草から教えてもらったことのひとつ。自然のなかに身をおいてまわりを見渡してみると、自然界の完全さに感動させられてばかりです。

わたしは、抜いても、踏まれても、それでも生えてくる、雑草と呼ばれる草が好きです。彼らの生命力にこころ惹かれながら大人になりました。

草を生かす方法は、草に触れているとどんどんひらめいてきます。この本で紹介しているのはその一部ですので、自分なりに草のある暮らしをたのしみながら、体やこころの変化をたのしんでみてください。

草を摘んでいると、ごはんの章で触れた、生命力のスイッチが〝パチン〟と押される音が聞こえるかもしれません。それは、自分らしさが輝く音です。幸せに生きる扉が開く音でもあるでしょう。

雑草と呼ばれる草の魅力を伝えたくて、草を生かす方法、草から教えてもらったことを紹介する本をつくることは、長い間の夢でした。藤代冥砂さんには、何度も自宅まで足を運んでいただき、草の呼吸が聞こえるような、優しさと強さあふれる写真を撮っていただきました。デザイナー(ＳＴＵＤＩＯ)の峯崎ノリテルさん、正能幸介さんには、草の世界を一新するような本をていねいに仕上げていただき、草の活動をはじめて間もない頃からつながりのある編集の久保万紀恵さんには、わたしの思いに寄り添ったあたたかいアドバイスをいただきながら導いていただきました。この本をつくるきっかけをつくり応援してくださったのは、フリーで編集をされている山縣彩さん。わたしの微力な部分をすばらしい方々の力に助けていただきながら、本の完成です。これまでの出来事やご縁のすべて（草も含む）に感謝の気持ちでいっぱいです。本当にありがとうございました。

沖縄に住まいを移してから、自然を大切にしたい気持ちと同じくらい、自分自身を癒し、ご縁のあるひとを大切にしたい思いが芽生えてきました。草をとおして、こころと体に寄りそう暮らしの魅力を伝えていくことは、わたしの幸せな時間となっています。

最後に、この本を手にとってくださった皆様へ、読んでくださりありがとうございます。いまの自分や未来の暮らしに思いをよせるこころの優しい方ではないかしら？と想像しています。いつかどこかの空の下で一緒に草を摘めたらうれしいです。草遊びをしたり、摘んだ草でごはんをつくっていただきましょう！

庭のスミレの花を眺めながら　かわしまようこ

草《くさ》と暮《く》らす

―こころと体《からだ》を調《ととの》える雑草《ざっそう》レシピ

NDC471

2016年4月15日発行

著者　かわしまようこ

発行者　小川雄一

発行所
株式会社誠文堂新光社
〒113-0033　東京都文京区本郷 3-3-11
〈編集〉電話：03-5805-7763
〈販売〉電話：03-5800-5780
www.seibundo-shinkosha.net

印刷所　株式会社大熊整美堂
製本所　和光堂株式会社

ISBN978-4-416-61632-1

かわしまようこ

1974年生まれ。2000年に「花だな」と思い、雑草と呼ばれる草にまつわる活動を開始。廃品に飾ったものやアスファルトのすき間から咲く雑草の写真をギャラリーや美術館などで展示したり、雑誌などのメディアで草の魅力を紹介。2009年、東京より沖縄に住まいを移し、草を摘むことが健康的な暮らし方、生き方につながることを発見。自然とつながり自分を見つめる宿泊型の雑草教室を沖縄などで開催している。著書にかわしまよう子名義で、『道ばたに咲く』（地球丸）、『草かざり』（ポプラ社）、『花よ花よ』（雷鳥社）、『ブータンが教えてくれたこと』（アノニマ・スタジオ）など多数。

参考文献

近田文弘（監修）『花と葉で見わける野草』
小学館、2010年

村上志緒『日本のハーブ事典』
東京堂出版、2002年

東城百合子『家庭でできる自然療法』
あなたと健康社、1978年

東城百合子『薬草の自然療法』
池田書店、1988年

佐竹元吉（監修）『日本の有毒植物』
学研教育出版、2012年

村上光太郎『食べる薬草事典』
農山漁村文化協会、2010年

湯浅浩史『植物と行事　その由来を推理する』
朝日新聞社、1993年

湯浅浩史『植物ごよみ』
朝日新聞社、2004年

浅川トオル（写真・構成）『野の花』
角川書店、2002年

写真　藤代冥砂
　かわしまようこ（p126〜137／p133のハマゴウを除く）
デザイン　峯崎ノリテル、正能幸介（(STUDIO)）
編集　久保万紀恵（誠文堂新光社）

協力　パン屋 水円
　（有）農業生産法人 園芸ファームなかむら

＊本書では草の持つさまざまな力を紹介していますが、草は薬ではありません。治療目的で使用するひとや健康状態が気になるひとは、必ず医師に相談してください。